AF401446

Thèse

pour la Licence.

L'acte public sur les matières ci-après sera soutenu,
le lundi 27 août 1855, à deux heures,

Par PIERRE-ÉDOUARD GILBERT, né à Paris.

Président : M. OUDOT, Professeur.

Suffragants :
MM. ROYER-COLLARD,
PELLAT,
PERREYVE,
DELZERS,

Professeurs.
Suppléant.

*Le Candidat répondra en outre aux questions qui lui seront faites
sur les autres matières de l'enseignement.*

PARIS.

VINCHON ET CHARLES DE MOURGUES,
Imprimeurs de la Faculté de Droit,
RUE J.-J. ROUSSEAU, 8.

1855.

A MON PÈRE, A MA MÈRE.

JUS ROMANUM.

DE PECUNIA CONSTITUTA
(Dig., lib. xiii, tit. 5.)

Apud Romanos nuda pactio in jure civili haud fere unquam obligatoria erat, id est nullam generabat obligationem et per consequentiam nullam actionem. Itaque dicebatur : solus consensus non obligat. Consensui vel traditio, vel quædam verba aut scripta addenda erant ut pactio obligatoria fieret et contractus efficeretur. Contractus enim in quo consensus semper est hanc solus habebat potestatem : producendi civiles obligationes, id est actionibus sanctas. His igitur absentibus formæ conditionibus, pactio qua quis se aliquid faciendum vel dandum promittebat nuda pactio erat nullam generans obligationem. Tale erat jus antiquum, jus civile. Sed postea moribus et animis progredientibus, cum stricti juris principiorum æquitas locum cepit, quamdam vim nudis pactis communicare voluerunt. Itaque paulatim et in diversis temporibus quædam nudæ pactiones lege aut prætorum edictis intervenientibus obligatoriæ evenerunt. Quæ pacta, pacta legitima et pacta prætoria ex more appellata : ut non sint confusa cum antiquis contractibus nudisve pactis quæ nullam semper habent potestatem.

Inter hæc prætoria pacta unum est præcipue animadvertendum : quod est *constitutum.* Constitutum e constituere formatur. Sed constituere hoc est : diem indicare in qua quoddam antea debitum solvendum est. Si bene quis hanc materiam vult comprehendere, primum dicendum est aliquid de quadam operatione antiquitus Romæ usitata : quæ fuit, ut ita dicam, exemplum constituti. Hujus enim operationis imitatione constitutum a prætoribus introductum est. Romæ ex antiquo tempore existebant quidam *argentarii,* pecuniæ commercium facientes, mutantes nummos, pro suis clientibus debita quoque solventes. Sæpe apud eos creditores a debitoribus conducebantur : debita in diem se soluturos promittebant : nulla stipulatio interveniebat : in hoc casu solus consensus sufficiebat ut obligatio nasceretur. Hæc operatio verbo *recipere* designabatur. Recipere id erat : recipere diem in qua efficienda erat solutio. Ex illa obligatione oriebatur actio *receptitia* appellata, actio civilis, perpetua, quascumque res comprehendens, sed contra solos *argentarios* danda. Jam diu antea florebat hæc actio cum prætores jus antiquum de pactis quodam modo mitigare desiderantes, novam prætoriam actionem introduxerunt qua quædam pactio pactioni argentariorum fere similis vim quamdam acceptura erat et potestatem. Qua pactione, ut supra jam dictum, est quis quoddam antea debitum die se soluturum promittebat, dabat diem in qua debiti solutio efficienda erat. Prætor distinxit hoc nudum pactum per se nullam producens obligationem, obligatorium declaravit et sanxit particulari actione cujus nomen est : *pecuniæ constitutæ* aut *de pecunia constituta.* Prætoria igitur erat hæc nova actio, non perpetua sicut actio *receptitia,* res solum comprehendens quæ pondere, numero mensurave constant, sed contra quascumque personas danda, etiam contra *argentarios*. Animadvertendum autem est : promissio solvendi non debebat esse solvendi quamcumque rem, sed particulariter pecuniam antea debitam. Contrario, ut actio *receptitia* contra *argentarios* daretur, sola solvendi die promissio sufficiebat. Quoddam antea debitum non exigebatur.

Hæ duæ actiones diu remanserunt separatim usitatæ, usque Justiniani tempora. Qui princeps, simplificandi gratia et cum jam diu pallesceret antiqui juris veneratio, eas inter se fusit, et *receptitia* actionis nomine suppresso, solam de *pecunia constituta* actionem conservavit. Harum autem actionum fusio ita effecta est : *pecuniæ constitutæ* actio reddita est perpetua, potuit dari contra unamquamque personam, omnes denique comprehendit res et non jam solum ut antea res quæ numero, pondere mensurave constant. Sed promissio debuit semper esse, ut exigebat prætor, solvendi rem antea debitam, et solvendi die certa. Omnino essentialis erat hæc conditio.

De constituta igitur *pecunia* tenebatur is qui constituerat, id est qui quoddam antea debitum (civile aut naturaliter) die se soluturum legitime promiserat. Quo *constituto* solutionem anterioris obligationis etiam civilis nudo pacto Romani poterant mutare, aut naturalis obligationis solutionem obligatoriam reddere, aut se denique semper nudo pacto alicujus debiti cautionem efficere. Pro alio autem constituentis interventio considerari poterat ut quædam particularis naturæ *fidejussio*. Attamen plures differentiæ erant inter fidejussionem et constituto cautionem. Fidejussio enim intervenire poterat ante principalem obligationem, non constitutum : pro cujus valetudine semper supponenda erat anterior obligatio. Deinde principalis et fidejussoriæ obligationum res eadem debebant esse ; contrario constituti et anterioris debiti res diversæ esse poterant. Denique si

quis citeriore die constitueret se soluturum, tenebatur; secus
si quis sic fidejuberet : non tenebatur.

AD SENATUSCONSULTUM VELLEIANUM.

(Dig., lib. xvi, tit. 1.)

Senatusconsultum Velleianum factum est anno 46 Jesu-
Christi, proponentibus Marco Silano et Velleio tutore consulibus.
Quo plenissime feminis omnibus subventum erat. Quondam
enim mulieres nullam civilem habebant facultatem. Omnia eis
civilia officia sicut publica erant adempta. Aut in manu mariti,
aut in tutela perpetua inveniebantur. Sic nullo modo poterant
se obligare. Nullum eis igitur auxilium erat necessarium. Sed
postea , moribus progredientibus, e pristino subjecto statu juris-
consultorum auxilio emancipatæ fuerunt. Fere omnia jura ante
eis denegata jam potuerunt exercere. Hominibus feminæ, ut ita
dicam , jura civilia exercentes, assimilatæ fuerunt. Legitime
obligationum vinculis tunc potuerunt semetipsas obstringere.
Sed propter sexus imbecillitatem opem illis ferendi necessitas
mox prodiit. Itaque et primo temporibus Augusti, mox deinde
Claudii, edictis eorum fuit interdictum : ne feminæ pro viris
suis intercederent. Pro viris suis : quia propter amorem aut
metum pro his multum facilius mulieres intercessuræ existi-
mabantur. Postea generalis facta fuit hæc prohibitio : senatusconsulto Velleiano quod, ut antea diximus, Claudio regnante ,
Marco Silano et Velleio tutore consulibus, factum est. Quo plenissime comprehensum fuit : ne pro ullo feminæ intercederent.
Integra cujus senatusconsulti verba nobis in Ulpiani fragmento
conservata sunt. Quæ si legas , facillime videbis jam antea fe-
minas a sua imbecillitate, jurisconsultis et prætoribus adjuvan-
tibus , tutas fuisse. Non enim in eas cum intercederant actio
dabatur : sic jus dicebat prætor. Quod jus consecravit senatus.

Animadvertendum autem est : mulieribus pro se ipsis se obligare non prohibebatur, nec etiam solvere pro alio, sed tantum pro alio reæ fieri : hoc ideo, quia facilius se mulier obligat, quam alicui donat. Donatione enim femina illico privatur non obligatione. Si autem mulieres contra senatusconsultum intercessissent, eis per exceptionem senatusconsulti succurrebatur. Si pecuniam solvissent , debitum perperam solutum *indebiti condictione* poterant repetere.

Post hanc generalem notitiam et cognita Velleiani senatusconsulti ratione, casus executere possemus quibus senatusconsulto locum erat, quibus non; quibus casibus feminis per exceptionem senatusconsulti succurrebatur, quibus hoc eis auxilium deficiebat. Jam autem supra diximus hanc exceptionem creditori a mulieribus posse opponi : si pro alio intercessissent. *Intercedere ,* illud est proprium verbum. Si igitur, casu proposito, scire velis an senatusconsulto locum sit, hæc prius quæstio discutienda est : an in hoc particulari casu mulier intercesserit vel non. Omnis obligatio senatusconsulto Velleiano comprehendebatur : intercessio sufficiebat quocumque modo fieret. Intercedebat autem is qui ex sponte pro alio se obligabat ita ut debitor illico liberaretur, vel cum debitore et pro illo interbessor ipse maneret obligatus.

Mulieri autem intercedenti ita subveniebatur ut in veterem debitorem aut in eum qui pro se constituisset mulierem ream, actio daretur : magis enim ab illo quam a creditore mulier decepta fuit. Et non solum in veterem debitorem, sed et in fidejussores ejus actio restituenda erat (dicimus restituendua, quia priorem debitorem mulieris interventu liberatum fuisse supponimus). Nam cum mulieris intercessio propter senatuconsultum nullum haberet effectum, pristina causa certe restituenda erat integra.

Sed hoc senatusconsulti auxilium deerat fœminis si callide

essent versatæ : deceptis enim, non decipientibus opitulabatur.

Denique Velleiani senatusconsulti exceptio beneficium erat : cui a mulieribus libere poterat renuntiari. Si igitur mulier quod ex intercessione solverat, nollet repetere, sed mandati agere, erat procul dubio audienda.

———

QUÆSTIONES.

I. Centum aureos Primus debet Secundo sine usuris. Quos Tertius constituendo promittit se citeriore die soluturum : quod si ad diem non solvit, tunc dare debebit usuras tot. Quæritur an et quibus limitibus de constituta Tertius teneatur? — Tenetur in sortem, sed non in usuras.

II. Stichum quis promisit. Ante moram Stichus mortuus est. Post illius mortem promissor se pretium servi soluturum constituit. Quæritur an de constituta teneatur? — Non tenetur.

III. Quæritur an, qui constitutæ pecuniæ actione egit, sortis obligationem consumat? — Non.

IV. Mulier pro Primo intercessit; Secundus sicut fidejussor apud creditorem pro muliere promisit. Quæritur an Secundus exceptionem senatusconsulti Velleiani poterit opponere creditori? — Poterit.

V. Mulier pecuniam a Titio accepit tanquam in usus suos,

postea alii credidit. Quæritur an erit locus senatusconsulto? — Non.

VI. Primus a Secundo mutuatus est ; Secundus igitur debitor est. Mulier intervenit, et pro Primo dat pignus creditori : senatusconsulto adjuvante rem a Secundò poterit repetere ; pignus enim dando procul dubio intercessit. Sed quid juris si mulier, cum Titii creditor ipsa sit, Titio pignus quod ab illo acceperat reddidit et sic debitorem liberavit? Quæritur an in hoc casu mulier intercesserit? — Non intercessit.

DROIT FRANÇAIS.

DU CAUTIONNEMENT.

(Code Nap., liv. 3, tit. 14, art. 2011-2043.)

HYPOTHÈSE.

Paul est sur le point de contracter avec Pierre. En vertu de ce contrat, Pierre va se trouver obligé envers lui, astreint à une prestation quelconque à son profit. Pierre est un honnête homme ; de plus, il est bon administrateur, entendu, économe. On peut donc dire que le gage commun de ses créanciers est en parfaite sûreté entre ses mains, en un mot qu'ils n'ont pas à craindre son insolvabilité. Cependant une telle situation peut changer. Des revers imprévus, la maladie, la mort même de Pierre peuvent survenir, et la confiance que Paul avait dans son gage s'en trouvera nécessairement très altérée, sinon anéantie. Pierre offre de lui donner en nantissement un meuble (gage proprement dit), ou un immeuble (antichrèse). Mais Paul ne se soucie pas trop d'une telle sûreté. Elle est onéreuse, limitée.

Le gage peut périr. Il entraîne des soins de conservation. Bref, Paul préférerait autre chose. Pierre offre une hypothèque : voilà qui est mieux. Mais l'hypothèque a aussi bien des inconvénients, notamment celui des lenteurs, des frais considérables nécessaires pour arriver à la conversion du gage en argent. D'ailleurs elle ne présente encore qu'une garantie restreinte. L'immeuble sur lequel elle est constituée peut périr. A toutes ces sûretés réelles, de choses, Paul préférerait une sûreté personnelle, l'engagement d'un second débiteur qui viendrait augmenter de toute sa solvabilité générale les chances de payement. A ce moment intervient Jacques qui fait à Paul cette proposition : Pierre est tenu ou va être tenu envers vous de telle obligation. Eh bien ! moi Jacques je m'engage à l'acquitter dans le cas où Pierre ne le ferait pas. Paul accepte. Un contrat s'est formé. Le Code Napoléon lui donne le nom de *cautionnement*. Celui de fidéjussion lui conviendrait peut-être mieux. En analysant, on trouve : 1° un créancier, Paul ; 2° un débiteur principal, Pierre ; 3° un débiteur accessoire, Jacques ; 4° deux obligations, l'une principale, l'autre accessoire, et dont la seconde a pour objet même la première; en sorte qu'on peut dire qu'il n'y a en définitive qu'une seule obligation garantie par deux débiteurs. Le créancier est doublement à couvert.

Des relations de droit vont s'établir entre ces différentes personnes. Ce sont ces relations, ces rapports qu'il s'agit pour nous d'étudier.

Mais avant, deux observations. Première observation : Nous avons supposé que l'obligation cautionnée par le tiers intervenant résultait d'un contrat. Mais il peut très bien se faire que ce cautionnement vienne à l'appui de toute autre obligation découlant soit d'un quasi-contrat, d'un délit, d'un quasi-délit ou de la loi. L'intérêt du créancier est le même. La justification du cautionnement en ressort donc au même titre que dans notre propre hypothèse. Deuxième observation : Que le cautionnement intervienne en même temps que prend naissance l'obligation principale, ou qu'il intervienne avant ou après , peu importe; seulement, dans le cas où il interviendrait avant, il serait conditionnel, dépendant de la naissance de l'obligation principale elle-même.

1° Rapports entre le créancier et la caution.

Un contrat s'est formé entre eux. Nous en étudierons d'abord la nature, puis nous en examinerons ensuite les effets.

Nature du contrat de cautionnement et plus particulièrement nature de l'obligation qui en résulte. — Ce contrat est : 1° unilatéral : en effet il n'y a d'obligation que d'un seul côté, du côté du débiteur accessoire. Le créancier n'est astreint à rien envers lui. Un seul original suffirait donc pour le constater. 2° A titre onéreux dans notre hypothèse : le créancier, en effet, en échange de l'avantage que lui procure la caution par son engagement, donne son consentement au contrat à intervenir avec le débiteur. Or c'est là un avantage bien positif, puisque ce n'est qu'en vue même de ce consentement que la caution consent à s'engager. Mais il faut remarquer en même temps que cette intervention de la caution n'est, en général du moins, provoquée que par un pur sentiment de bienveillance envers le débiteur, en sorte qu'entre elle et lui, le contrat revêt un caractère de bienfaisance, de gratuité, qui tout en laissant à l'obligation dont est tenue la caution envers le créancier toute sa force, n'en exercera pas moins plus tard une influence considérable sur les droits mêmes du créancier et amènera, comme nous le verrons bientôt, certains tempéraments dans l'application rigoureuse des principes. 3° Accessoire : rien de plus évident, puisqu'il n'intervient qu'à l'occasion d'une obligation née ou à naître qu'il a pour but de renforcer. 4° Consensuel : aucune solennité n'est exigée pour sa validité. 5° Nommé : peut être assez mal comme nous l'avons déjà dit; car le mot *cautionnement* a deux sens : tantôt il désigne le contrat que nous analysons, tantôt il s'applique au nantissement particulier opéré par une personne, le plus souvent un fonctionnaire, un officier ministériel, pour garantie des faits de sa gestion ou de sa charge. L'expression de fidéjussion serait bien préférable : elle aurait le double avantage de ne s'appliquer qu'à notre contrat, et en outre de réveiller dans l'esprit le souvenir des règles du droit romain sur la fidéjussion, règles dont l'étude est indispensable pour avoir une idée nette et bien raisonnée des principes de la matière. En droit romain, la fidéjussion n'exista pas toujours avec les mêmes caractères. Primitivement elle se révèle à nous sous la forme de la *sponsio*, engagement contracté d'une façon sacramentelle, tout personnel à l'obligé et qui s'éteignait avec lui, tandis que la *fidejussio* proprement dite (dernière forme du cautionnement chez les Romains) passait aux héritiers. Cette *sponsio* était réservée aux seuls citoyens. Elle résultait en effet de formules sacramentelles qu'eux seuls pouvaient prononcer. Plus tard la *fidepromissio* vint prendre place à côté de la *sponsio*. Elle intervint pour mettre en quelque sorte cette dernière à la portée des *Peregrini*. Du reste les mêmes principes les régissaient toutes deux. Le lien du *fidepromissor* était en tout semblable à celui du *sponsor*. Mais la jurisprudence romaine ne pouvait pas s'arrêter là. Cette obligation ainsi limitée n'avait que des effets d'une portée assez restreinte. Le crédit public et privé réclamait une extension des principes anciens.

La *fidejussio* fut inventée. Admise d'abord concurremment avec la *sponsio* et la *fidepromissio*, elle finit par les remplacer l'une et l'autre, et Justinien, dans ses Institutes, ne traite plus que des *fidejussores*. Dans notre ancienne jurisprudence, le contrat de cautionnement continua à être très-employé, avec plus ou moins d'étendue. Enfin, après avoir été examiné à fond par Pothier dans son *Traité des Obligations*, il est reconnu et soigneusement analysé, dans la partie du Code Napoléon consacrée aux contrats les plus usuels, principaux ou accessoires. L'importance et la fréquence du cautionnement lui méritaient en effet une place à part dans le premier monument de notre législation.

Après cette courte digression historique, rentrons dans l'étude du cautionnement considéré en lui-même et dans sa nature. Nous emploierons du reste indifféremment, dans le courant de cette étude, les expressions cautionnement ou fidéjussion, et caution (*cautio*, en droit romain, avait un sens beaucoup plus général : il s'appliquait à toutes les sûretés quelconques que peut recevoir un créancier) ou fidéjusseur.

La fidéjussion est donc un contrat. Comme tout contrat, elle exige pour sa validité : 1° le consentement des parties contractantes, du fidéjusseur et du créancier, cela va sans dire : 2° la capacité de la personne qui s'oblige, du fidéjusseur : lui seul en effet est obligé ; 3° un objet licite et suffisamment déterminé : un fait ; l'acquittement de l'obligation du débiteur principal dans le cas où celui-ci ne satisferait pas le créancier ; 4° une cause licite : l'avantage qui doit en résulter pour le débiteur. — Nous devons insister particulièrement sur la troisième condition, l'objet de l'obligation du fidéjusseur.

L'objet de cette obligation, c'est l'obligation même du débiteur principal. Le fidéjusseur la fait sienne, se l'approprie. Il s'engage à l'acquitter dans le cas où le débiteur ne le ferait pas. Le débiteur s'est engagé à une chose, le fidéjusseur s'engage à la même chose : idem ; l'objet des deux obligations est identique. Seulement la deuxième obligation, celle du fidéjusseur, n'existe qu'avec et comme garantie de celle du débiteur principal.

De là il suit : 1° que si l'obligation du débiteur principal n'est pas valable, si elle est entachée d'un vice quelconque, inhérent à sa nature même, l'obligation du fidéjusseur, qui n'en est que la reproduction, le calque, n'a pas plus de force, de validité qu'elle. Je dis inhérent à sa nature même : c'est qu'en effet, si l'annulabilité de l'obligation principale ne reposait que sur une exception personnelle au débiteur, par exemple sur sa minorité, le fidéjusseur ne serait pas admis à s'en prévaloir et à se prétendre, à raison de ce fait, déchargé de son obligation ; 2° que l'obligation du fidéjusseur ne doit jamais excéder celle du débiteur principal ni être contractée sous des conditions plus onéreuses. A quel titre, en effet, existerait cet excédant ? Quel intérêt le créancier aurait-il à en poursuivre le payement ? La fidéjussion n'est intervenue, qu'à l'occasion et pour donner plus de force à l'obligation principale, pour la suppléer enfin si elle venait à manquer. La fidéjussion est une sûreté accessoire, elle ne doit pas dépasser ce qu'elle est destinée à garantir. En un mot, le lien du fidéjusseur envers le créancier, s'il peut être dans certains cas plus fort, plus étroit que le lien du débiteur principal, comme lorsque l'obligation de ce débiteur est annulable pour cause de minorité dans sa personne, parce qu'alors on peut dire que l'intervention du fidéjusseur a lieu précisément pour resserrer ce lien, pour assurer le créancier contre l'annulation qui pourrait en être demandée, ce lien ne peut jamais être plus étendu, soit à raison de la quantité, du temps, du lieu, soit parce qu'il serait établi sous des conditions plus onéreuses que le lien du débiteur principal, par exemple, si le fidéjusseur s'était engagé purement et simplement, tandis que le débiteur ne l'était qu'à terme ou sous condition. Mais par contre, le lien du fidéjusseur pourrait très-bien être moins étendu ou exister à des conditions moins onéreuses. Mais que décider si l'obligation du fidéjusseur dépasse celle du débiteur principal ?

Doit-on la considérer dans ce cas comme n'existant pas, comme entièrement nulle faute d'objet? Non, on doit seulement la ramener à la proportion même de l'obligation principale. Dans cette mesure, en effet, on ne peut pas dire qu'elle manque d'objet; elle en a, au contraire, un bien déterminé. Ainsi donc, pour nous résumer, le fidéjusseur est tenu en vertu d'un contrat. L'objet immédiat de son obligation, c'est l'acquittement de l'obligation du débiteur principal, la prestation à fournir par lui, prestation que le fidéjusseur devra acquitter en tout ou en partie si le débiteur ne la fournit pas lui-même. L'objet, en un mot, des deux obligations principale et accessoire est identique.

Bien plus, il ne pourrait pas être différent. Et si le fidéjusseur s'était engagé à une chose pendant que le débiteur était engagé à une autre, il n'y aurait plus là de fidéjussion, le caractère essentiel de la fidéjussion étant de venir augmenter pour le créancier les chances de payement, la certitude de recevoir la prestation promise ou due, et non pas de créer à son profit l'espérance d'une prestation nouvelle. Ainsi, voilà qui est bien entendu : l'obligation du fidéjusseur, c'est l'obligation même du débiteur étendue jusqu'à lui. Elle peut lui être égale, elle peut lui être inférieure, mais elle ne peut jamais la dépasser. Si donc les parties sont entrées dans des détails précis, si elles ont de prime abord et avec soin tracé les limites de l'obligation accessoire par rapport à l'obligation principale, pas de difficulté : on se conformera à leur intention. Le contrat de fidéjussion est un contrat de bienfaisance autant qu'un contrat accessoire. Ce sont là du reste ses deux caractères principaux; il ne doit donc jamais être permis de l'étendre au delà de ce que les parties ont entendu lui faire produire. Le fidéjusseur s'est engagé jusqu'à tel point; le créancier a accepté cette garantie : il ne peut pas exiger de la caution plus qu'elle n'a promis, et il faut que cette promesse soit formelle, expresse. Un tel engagement ne peut donc pas non plus se présumer. Il est difficile, en effet, d'admettre sans une déclaration bien positive, qu'un homme se soit ainsi soumis, lui et tous ses biens présents et à venir, d'une manière générale enfin, à l'acquittement de la dette d'autrui. D'ailleurs, en fait, le crédit du fidéjusseur en reçoit presque toujours une atteinte assez grave. La fidéjussion, si elle présente de grands avantages au créancier, est fort onéreuse pour le fidéjusseur. Il engage toute sa fortune, tout son crédit, et il reçoit en échange quoi? la gratitude du débiteur. En général du moins, car il n'est pas absolument impossible de concevoir la caution stipulant un salaire pour prix de son engagement; il est vrai aussi qu'elle a un recours contre le débiteur principal, comme nous le verrons dans la suite; mais ce recours peut être illusoire, sans effet. Il le sera le plus souvent; et dès lors, nous le répétons, une situation aussi exorbitante, un engagement aussi étendu ne peuvent être facilement présumés; une déclaration formelle, précise, est absolument nécessaire à cet égard. Mais les parties, tout en ayant positivement arrêté que le fidéjusseur serait obligé comme tel, peuvent n'avoir pas précisé, délimité l'étendue de son obligation. Jusqu'où, dans ce cas, ira-t-elle? *Quid debitum erit?* C'est le cautionnement indéfini. Un tel cautionnement comprend d'abord sans difficulté toute l'obligation principale; mais ne comprend-il que cela? Non, il comprend encore les accessoires, les annexes, tout ce qui est une dépendance directe de cette obligation. Mais renferme-t-il les frais faits par le créancier pour arriver à son remboursement? Il faut distinguer: puisque la caution n'est obligée qu'accessoirement au débiteur principal, le créancier peut donc s'adresser d'abord à ce dernier; il peut intenter une action contre lui; il peut le mettre en demeure de payer. L'acte constituant cette invitation au débiteur, cette mise en demeure, devra être remboursé par

3

le fidéjusseur. Mais si le débiteur refuse de payer, le créancier
pourra-t-il poursuivre, arriver à un jugement, à la saisie, à la
vente des biens de ce débiteur? Sans aucun doute. Mais, dans ce
cas, il devra avoir eu soin de dénoncer à la caution le refus du
débiteur; à défaut de celui-ci, en effet, le fidéjusseur peut parfaitement être en mesure de payer; et si le créancier avait
négligé cette formalité, il ne pourrait plus répéter plus tard
contre la caution le montant des frais faits par lui postérieurement au premier exploit de demande.

L'obligation du fidéjusseur, quoique fondée sur un motif de
bienveillance et de bon office, n'en est pas moins une obligation
bien réelle sur laquelle le créancier a dû compter. Elle fait
partie du patrimoine du fidéjusseur; elle le grève; elle ira donc
reposer, à sa mort, sur la tête de ses héritiers. Continuateurs de
la personne du défunt et débiteurs de ses obligations passives
comme ils sont créanciers de ses obligations actives, les héritiers
sont, en effet, tenus comme lui et par les mêmes liens envers
les créanciers quels qu'ils soient. Le gage, s'il s'agit de cautionnement, continue d'être personnel comme il l'était auparavant.
Rien n'est changé en droit; la même personne, sinon les mêmes
individus sont obligés; ce n'est d'ailleurs là que l'application
des principes généraux. Pourquoi donc le Code contient-il un
article spécial sur ce point, article qui, au premier abord, peut
paraître et est en effet parfaitement inutile? Au lieu de dire tout
au long comme on l'a fait « Les engagements des cautions passent, » etc. (art. 2017), il eût suffi de mentionner que la contrainte par corps, si l'engagement était tel que la caution y fût
obligée, ne passerait pas aux héritiers. *Silente lege*, en effet,
on aurait pu discuter sur le point de savoir si la contrainte par
corps devait être considérée dans ce cas comme essentiellement
personnelle au débiteur, ou comme pouvant passer aux héritiers
avec les autres garanties stipulées au profit du créancier. Le

Code, par un article spécial, a tranché d'avance la question : rien de mieux. Mais à quoi bon la première partie de l'article? Pourquoi s'y trouve-t-elle? On l'explique ainsi : Nous avons déjà vu qu'en droit romain on distinguait trois espèces de fidéjussion : la *sponsio*, la *fidepromissio* et la *fidejussio*. Or, il y avait cette différence capitale entre la *sponsio* et la *fidepromissio* d'une part, et la *fidejussio* de l'autre, que celle-ci passait aux héritiers, tandis que les deux premières n'y passaient pas. Dans la *sponsio* et la *fidepromissio*, l'obligation de la caution était regardée comme toute personnelle : *Idem spondes, idem spondeo ; idem fidepromittis, idem fidepromitto*. Elle s'éteignait donc avec elle. Dans la *fidejussio*, on s'attachait moins à ce caractère de personnalité ; et afin de donner à la fidéjussion toute l'extension possible en vue de la répandre de plus en plus, on avait décidé qu'elle passerait aux héritiers. Justinien le dit positivement dans ses Instituts. Une telle mention s'expliquait alors tout naturellement ; elle était même, on peut dire, indispensable. Par esprit de routine, les rédacteurs du Code l'ont reproduite, bien que dans l'état de notre droit, où il n'y a plus à distinguer entre la *sponsio* et la *fidejussio*, ils eussent pu sans aucune espèce d'inconvénient s'en dispenser. Ce n'est d'ailleurs là qu'une superfétation, une inutilité comme on en trouve plus d'une, au reste, dans notre Code.

Tout ce que nous venons de dire pour un seul fidéjusseur en face d'un seul créancier, serait également vrai dans le cas, soit de plusieurs fidéjusseurs en face d'un seul créancier, soit d'un seul fidéjusseur en présence de plusieurs créanciers. L'obligation du ou des fidéjusseurs, ce serait toujours l'obligation même du débiteur principal étendue jusqu'à eux, obligation dont ils auraient tous promis au créancier l'acquittement dans le cas où le débiteur ne le procurerait pas. Au reste, de même que l'obligation d'un seul fidéjusseur peut être égale ou inférieure à celle du débiteur principal, de même les obligations de plusieurs fidéjusseurs pourraient être toutes contractées, ou quelques-unes seulement, dans des proportions plus ou moins fortes, mais toujours dans les limites de l'obligation principale elle-même; autrement, elles seraient réductibles conformément à la règle déjà expliquée. Rien ne s'oppose non plus à ce qu'un seul fidéjusseur s'oblige pour deux ou plusieurs débiteurs soit conjoints, soit solidaires; mais, dans tous les cas, il sera évidemment tenu pour le tout. De même encore l'intervention d'un nouveau fidéjusseur pourrait avoir lieu à l'effet de garantir, non plus l'obligation du débiteur principal, du moins directement, mais l'obligation du fidéjusseur. Ce serait là une nouvelle sûreté pour le créancier. Par contre-coup, en effet, l'acquittement de l'obligation principale en serait d'autant assuré. Dans tous ces cas, et pour le dire ou plutôt le répéter en finissant cette partie de la matière, l'objet de l'obligation de ces divers obligés accessoires, c'est toujours l'objet même de l'obligation du débiteur principal, la prestation à laquelle il est tenu. La caution de la caution s'appelle certificateur de caution. Le fidéjusseur est, à son égard, ce qu'est le débiteur principal à l'égard de la caution : les conséquences suivent naturellement.

Voilà quant à la nature du cautionnement et plus spécialement de l'obligation qui en résulte au profit du créancier contre le fidéjusseur. Passons maintenant aux effets de ce contrat, toujours dans les rapports du créancier et du débiteur accessoire (fidéjusseur).

Effets du contrat de cautionnement entre le créancier et la caution. — Le fidéjusseur est obligé. Nous avons expliqué à quoi et jusqu'à quel point. Le moment de l'échéance arrive. Quel va être le droit du créancier? Il est corrélatif à l'obligation de la caution; il se règle sur elle. Ce droit consiste donc pour lui à réclamer de la caution l'exécution de l'obligation principale dans le cas où le débiteur la refuserait. Il suffit que ce débiteur ne soit pas en mesure au moment de l'échéance ; ou plutôt il suffit que l'obligation principale ne soit pas acquittée à ce moment, pour que la caution qui s'est engagée directement envers le créancier, se trouve en demeure de remplir son engagement et soit susceptible d'être actionnée par lui. Elle ne peut donc pas lui opposer, par exemple, que le débiteur est en mesure de payer ; que s'il ne le fait pas, c'est pure mauvaise volonté de sa part ; qu'il a des biens dont la vente suffirait amplement à désintéresser le créancier. Non, ce sont là des soins, des ennuis, des dangers souvent que le créancier a eu précisément pour but d'éviter en exigeant un cautionnement. Et puis, l'obligation de la caution est claire, bien définie. Je m'engage à vous satisfaire, si le débiteur ne le fait pas ; non pas s'il ne peut pas le faire, si ses biens sont insuffisants, mais s'il ne veut pas, s'il refuse, ne fût-ce que par caprice. En un mot, et quoiqu'en lui-même le contrat de cautionnement soit un contrat accessoire, l'obligation qui en résulte est pure et simple en ce sens que l'exécution, une fois l'échéance arrivée, n'en peut être suspendue par aucun événement. Tel est le droit strict. Ce droit a longtemps subsisté intact et sans dérogation dans la législation romaine. Plus tard, lorsque les déductions rigoureuses des principes eurent fait place aux inspirations de l'équité, les idées changèrent. De nouvelles considérations se firent jour. On s'attacha davantage à un caractère de la fidéjussion qu'on avait négligé jusque-là, à son caractère de bienfaisance. On pensa qu'il serait à la fois plus équitable, plus conforme à l'intérêt bien entendu du débiteur et du créancier (par l'encouragement donné à l'intervention si utile des cautions), partant plus conforme à l'intention même des parties de ne plus attacher autant d'importance à cette identité d'obligation qui faisait anciennement le fond de la fidéjussion. On oublia pour un moment la fameuse formule : *Fidejubes, fidejubeo*, et on introduisit en cette matière ce qu'on est convenu d'appeler le bénéfice de discussion. Ce fut Justinien le premier qui l'introduisit. Il a toujours été admis depuis avec plus ou moins d'étendue, et le Code Napoléon le consacre en principe dans son art. 2021. Mais quelle est au juste la nature de ce bénéfice? en quoi précisément consiste-t-il? C'est ce qu'il s'agit de voir maintenant.

Et d'abord, en principe, lorsque le créancier s'adresse au fidéjusseur et réclame de lui, à défaut du débiteur principal, l'acquittement de son obligation, le fidéjusseur est tenu de payer immédiatement. Mais, par dérogation aux principes, en vue de favoriser le cautionnement, ce puissant élément de crédit, la loi donne au fidéjusseur le droit de dire au créancier : Je suis prêt à vous payer, mais avant discutez ; c'est-à-dire, saisissez et faites vendre, selon les règles ordinaires du droit, les biens du débiteur. Vous reviendrez ensuite sur moi dans le cas où vous ne seriez pas entièrement désintéressé; je vous satisferai pour le surplus. C'est là, pour la caution, un droit tout de faveur, si l'on peut parler ainsi ; c'est en même temps un moyen de retarder, d'ajourner l'action principale, une exception dilatoire en un mot. Le fidéjusseur devra donc l'invoquer *in limine litis*, sur les premières poursuites du créancier; autrement il ne pourrait plus s'en prévaloir, le droit strict reprendrait tout son empire ; la caution serait présumée avoir renoncé tacitement à son bénéfice, et aucune preuve contraire ne serait admise contre une telle présomption légale. Mais supposons qu'elle l'ait invoquée en temps utile, le créancier va-t-il être obligé de s'en aller comme il était venu? Que d'embarras! que d'ennuis! Quant à cela, la loi n'en tient pas compte. Mais il va y avoir des avances à faire ; et puis, où sont situés les biens du débiteur? Ils sont peut-être très-éloignés. Le créancier sera-t-il obligé de les aller discuter là où ils sont? Non. La caution, qui est en définitive tenue, doit faire tout ce qui est en son pouvoir pour faciliter au créancier l'exercice de son droit ; elle devra donc : 1° avancer les deniers suffisants pour faire la discussion, soit qu'il s'agisse de meubles, soit qu'il s'agisse d'immeubles. Il y a même raison, dans tous les cas, pour exiger cette avance. L'ancien droit, au contraire, ne l'exigeait que dans le cas de discussion d'immeubles. 2° Indiquer les biens à discuter. Cette indication peut comprendre évidemment des biens meubles et immeubles ; ils sont tous le gage du créancier, et la discussion des uns et des autres est aussi bonne pour lui si elle doit avoir, en définitive, pour résultat de le désintéresser ; mais l'indication doit être faite en une seule fois ; autrement, s'il était permis au fidéjusseur de soumettre ainsi successivement, et d'un après l'autre, les biens à la discussion, il y aurait là pour lui un moyen de retarder indéfiniment le recours du créancier ; en sorte qu'un bénéfice introduit dans un esprit de pure bienveillance deviendrait une source de taquineries, d'embarras, de perte même : un tel résultat n'a pas pu entrer évidemment dans la pensée de la loi. Toujours, par suite de la même idée d'un droit pour le créancier, tempéré dans l'application par un bénéfice introduit en faveur de la caution, bénéfice qu'on ne doit pas en définitive rendre trop onéreux au créancier, trop préjudiciable, trop limitatif de son droit, la loi veut, en outre, que les biens indiqués soient d'une discussion aussi facile que possible. Le fidéjusseur ne peut donc indiquer, ni des biens situés hors de l'arrondissement de la Cour impériale du lieu où le payement doit être fait, ni des biens litigieux, ni des biens hypothéqués à la dette qui ne sont plus en la possession du débiteur. Mais, pour ces derniers biens, peut-on dire, puisqu'ils sont hypothéqués à la dette, et que le créancier a le droit de les suivre dans quelques mains qu'ils passent, pourquoi ne pas le renvoyer à exercer son droit de suite ? Le tiers détenteur est tenu de répondre à son action. La discussion de tels biens n'est pas plus difficile que celle des biens restés entre les mains du débiteur. Sans doute. Mais il faut remarquer qu'ici les choses ne se passent plus seulement entre le débiteur, le créancier et la caution. Une quatrième personne est intéressée, tout particulièrement intéressée, à ce que la discussion, par le créancier, du bien qu'elle a acheté et qu'elle détient n'ait pas lieu. Or, sa position est aussi favorable que celle de la caution, plus favorable même; elle n'est pas engagée personnellement; elle n'est tenue qu'à cause de l'immeuble, *propter rem*. Il est donc juste que le bénéfice du fidéjusseur soit considéré, à son égard, comme n'existant pas, qu'on respecte son acquisition. Une fois l'avance faite et les biens indiqués conformément à la loi, le créancier, dit l'art. 2024, est responsable envers la caution de l'insolvabilité du débiteur principal survenue par défaut de poursuites. Rien de plus juste. La caution a fait tout ce qui était en son pouvoir; elle a rempli les conditions imposées pour l'exercice de son privilége. Vis-à-vis du créancier, elle a acquis une sorte de droit à sa libération. Quant à lui, s'il a été négligent, il est en faute; il doit en supporter les conséquences. Mais, bien entendu, il faut cette faute, cette négligence de sa part. Si donc l'insolvabilité du débiteur était survenue tout à coup, avant que le créancier eût pu prendre les mesures nécessaires à la conservation de ses droits, pendant les poursuites mêmes exercées par lui, il conserverait sans difficulté son recours contre la caution, et pourrait de nouveau l'actionner sans qu'elle pût prétendre à aucune limitation de son engagement. De même encore, si la cause de l'insolvabilité du débiteur remontait à une époque très-antérieure et qu'il fût évident, dès lors, que la discussion devait demeurer, dans tous les cas, sans résultat, la caution ne serait pas non plus déchargée. Pas de difficulté sur tous ces points.

Plusieurs personnes, nous l'avons déjà dit, peuvent se rendre cautions d'une même obligation. Comme telles, elles sont toutes obligées personnellement au même titre, tenues de désintéresser le créancier si le débiteur principal ne le fait pas lui-même. Autant de cautions, autant de débiteurs généraux personnels. C'est ce qu'on exprime en disant qu'elles sont toutes tenues *in solidum*; ce qui ne veut pas dire qu'il y ait entre elles solidarité : la solidarité, en effet, qui est un lien très rigoureux, ne peut résulter que d'une convention expresse ou d'une disposition précise de la loi. Or aucun texte du Code ne l'établit de plein droit à l'égard des cautions. Il dit bien qu'elles sont tenues pour le tout; cela est vrai et découle en quelque sorte de la nature même de leur obligation. Mais encore une fois être tenu pour le tout, ce n'est pas être tenu solidairement; les conséquences ne sont pas tout à fait les mêmes : elles sont beaucoup plus rigoureuses dans le second cas que dans le premier. Les cofidéjusseurs sont donc obligés chacun pour le tout. Quel va être le droit du créancier à l'échéance ? Évidemment il est corrélatif à chaque obligation. Il consistera à pouvoir demander à chaque caution l'acquittement de l'obligation principale, dans la mesure bien entendue et conformément à sa propre obligation. C'est là le droit strict, la conséquence forcée de la nature même de l'obligation du fidéjusseur. Les principes ne permettent pas d'y échapper. Mais de même qu'on a introduit, comme nous l'avons expliqué précédemment, un bénéfice particulier en faveur des fidéjusseurs, bénéfice qui leur permet de repousser provisoirement l'action du créancier, de le renvoyer à discuter les biens du débiteur principal, de même ici et toujours par les mêmes motifs, à raison du caractère de bienfaisance attaché au contrat de cautionnement et en vue de le favoriser, on a encore introduit par dérogation aux principes une faculté, une faveur nouvelle au profit des cautions, et dont l'effet, si elle est invoquée par elles, sera d'obliger le créancier à diviser son action, c'est-à-dire à agir contre chacune des cautions, non plus pour le tout comme strictement il pourrait le faire, mais pour partie seulement, eu égard au nombre des fidéjusseurs solvables au moment de la division. Ce nouveau bénéfice, auquel on a donné le nom de bénéfice de division, n'exista qu'assez tard dans la législation romaine. On le voit apparaître pour la première fois sous le règne d'Adrien. Antérieurement, du moins après l'introduction de la *fidejussio* succédant à la *sponsio* et à la *fide-promissio*, on appliquait les principes dans toute leur rigueur. Mais peu à peu et toujours à la faveur de ces idées d'équité bienveillante qui plaidaient si haut pour les fidéjusseurs, la pensée d'un nouveau bénéfice à leur égard se fit jour et finit par recevoir une sanction législative dans l'édit d'Adrien. Dès lors le bénéfice de division ne cessa plus d'être admis et invoqué. L'ancienne jurisprudence française en fit une application constante, et le Code Napoléon l'a formellement consacré. Voyons précisément en quoi il consiste. Mais d'abord il est clair que le créancier est toujours libre d'exercer ou non son droit dans toute son étendue; si donc il lui plaît de diviser *de proprio motu* son action et de ne demander à chaque caution que sa part et portion virile, il le peut parfaitement. La loi décide même que cette division, une fois opérée, constitue une sorte de droit acquis au profit des coobligés ; que le créancier ne peut plus revenir sur elle, quoique, dit la loi, il y eût, même antérieurement au temps où il l'a ainsi consentie, des cautions insolvables. Mais supposons que le créancier n'ait pas divisé son action. La caution qu'il attaque lui oppose le bénéfice de division. Quel va être l'effet de cette opposition ? D'obliger le créancier à réduire son action à la part de cette caution. Pour le surplus il sera renvoyé à se pourvoir contre les autres fidéjusseurs. Mais quoi, sur trois cautions par exemple, une est insolvable. La caution attaquée ne sera-t-elle donc tenue de son obligation primitive que pour le tiers proportionnellement au nombre des cautions engagées, ou bien le sera-t-elle pour la moitié proportionnellement à l'intérêt même du créancier? Pour la moitié évidemment, car l'obligation est entière. La caution, par une faveur spéciale, peut bien avoir le droit de forcer le créancier à ne lui demander que sa part et portion, mais cette part doit être réelle, effective, non pas seulement nominale, comme elle le serait s'il lui était permis de rejeter le fardeau de l'insolvabilité sur le créancier. Mais une fois la division faite, une fois le jugement rendu, une sorte de novation s'est opérée et la caution n'est certainement plus responsable des insolvabilités survenues depuis la division.

1re *Observation*: commune aux deux exceptions de discussions et de division. Comme ce sont des bénéfices, la caution peut très bien y renoncer, soit à l'avance et dans l'acte même de cautionnement, soit postérieurement, au moment des poursuites exercées par le créancier. Cette renonciation peut avoir lieu même tacitement, comme nous l'avons observé en traitant du bénéfice de discussion. Tout dépend ici de la volonté de la partie, exprimée ou sous-entendue.

2e *Observation:* Jusqu'ici nous avons toujours raisonné dans l'hypothèse d'un cautionnement pur et simple. Mais il peut très bien se faire que la caution soit obligée solidairement avec le débiteur principal. Dans ce cas l'effet de son engagement dans les rapports entre elle et le créancier, se réglera sans difficulté par les principes applicables en matière de solidarité.

2° *Rapports entre la caution et le débiteur.*

Dans l'hypothèse que nous avons posée en commençant, la caution est intervenue au su et de l'aveu du débiteur principal; mais il peut arriver qu'elle intervienne à l'insu de ce débiteur, et même contre son gré. Ces circonstances exerceront nécessairement leur influence sur les rapports entre elle et le débiteur : ils différeront plus ou moins, selon les cas. Ce sont ces rapports que nous devons maintenant mettre en lumière et étudier.

Donc, premier cas, le plus fréquent : le fidéjusseur est intervenu au su et de l'aveu du débiteur principal. Un mandat tacite existe entre eux. Le débiteur est présumé avoir dit au fidéjusseur, comme il le lui a sans doute dit réellement : Je vous en prie, cautionnez-moi. C'est un service d'ami que je vous demande. Je serai certainement en mesure de payer à l'échéance. Mais le créancier exige une garantie personnelle, une caution. Il ne veut pas traiter sans cela. Le tiers cautionne ; il est obligé. Arrive le jour de l'échéance. Alors, de deux choses l'une : ou le créancier s'attaque en premier lieu, comme il en a le droit, à la caution, ou il commence par actionner le débiteur principal. S'il s'attaque au débiteur, et que celui-ci le désintéresse, pas de difficulté : tout le monde est libéré. Mais qu'arrivera-t-il, s'il commence par poursuivre la caution ? D'abord, elle peut toujours, comme nous l'avons vu, et à moins qu'elle n'ait formellement renoncé à cette faculté, renvoyer le créancier à discuter le débiteur. Mais supposons qu'elle ne l'ait pas fait, qu'elle n'ait pas invoqué le bénéfice de discussion, qu'elle ait payé en un mot, quels vont être ses droits à l'égard du débiteur principal ? Pourra-t-elle, dans tous les cas, agir contre lui à l'effet de se faire rembourser de ses avances ? Non. Pourquoi ? Parce que le créancier qui s'est d'abord adressé à la caution, et qui a été désintéressé par elle, peut s'être adressé ensuite au débiteur principal, et avoir reçu une seconde fois de lui son payement. Le débiteur, en effet, pouvait très-bien ignorer la première action du créancier contre le fidéjusseur. Si donc celui-ci ne l'a pas averti du payement par lui fait au créancier, s'il a négligé de lui faire part de cette cause d'extinction de leur obligation commune, il est en faute, et quoique son recours soit très-favorable, il est impossible d'admettre qu'il puisse faire retomber sur le débiteur le fardeau de sa négligence : lui seul doit le supporter. Il ne pourra donc rien réclamer du débiteur principal. Mais, bien entendu, le fidéjusseur aura son recours contre le créancier : il l'actionnera en répétition. Du reste, ce que nous venons de dire de la caution actionnée par le créancier, et qui a payé sans en avertir le débiteur, s'appliquerait par réciprocité à celui-ci si, actionné lui-même en premier lieu par le créancier, il payait sans en donner avis à la caution, qui payerait ensuite une seconde fois dans l'ignorance où elle serait du payement fait par le débiteur. Dans ce cas, la caution aurait évidemment un recours contre lui pour ce qu'elle aurait déboursé. Elle n'a aucune faute, en effet, à se reprocher ; elle n'a fait que se conformer à son obligation. Le débiteur, au contraire, a été négligent ; il est en faute : c'est à lui à en supporter les conséquences. Mais il peut se présenter autre chose : il peut arriver que le fidéjusseur paye avant même d'avoir été actionné et sans en donner avis au débiteur. Conservera-t-il toujours son recours contre lui ? Non, il ne le conservera pas s'il existait au profit de ce débiteur, dans le temps du payement, une exception, un moyen de défense qui devait paralyser la demande du créancier et rendre ainsi tout payement inutile. Ici comme précédemment, la caution serait en faute, responsable de cette faute envers le débiteur qui n'a rien à se reprocher. Aucun recours ne lui serait accordé contre lui. Il ne lui resterait pour toute ressource que l'action en répétition contre le créancier. Mais si elle avait payé après avoir été poursuivie, le recours lui resterait ouvert. Elle n'était pas tenue, en effet, de savoir si le débiteur avait une exception péremptoire à opposer. C'était à lui à l'en avertir. Elle était obligée, on l'a actionnée, elle a payé. Aucune faute ne peut lui être reprochée. Elle conservera donc son action contre le débiteur principal, comme si elle l'avait utilement libéré. Supposons maintenant, et ce sera sans aucun doute le cas le plus fréquent, que le débiteur ait été averti en temps utile du payement fait par la caution. Le créancier est désintéressé. Quant à lui, tout est fini. L'obligation commune est éteinte. Reste le recours du fidéjusseur qui a payé contre le débiteur principal. En quoi consistera au juste ce recours ? que comprendra-t-il ? Un principe domine toute la matière : le fidéjusseur a entendu faire une avance, il a voulu rendre service au débiteur, il doit donc être remboursé de tout ce qu'il a dépensé, être, en un mot, complétement rendu indemne, mais voilà tout. Il n'a droit, d'ailleurs, à aucun bénéfice, sauf le cas où un salaire aurait été stipulé. Mais une telle stipulation, qui n'est jamais en rapport avec l'étendue de l'engagement de la caution, ne modifierait certainement en rien l'application des principes généraux. Ainsi donc, indemnité complète du fidéjusseur, tel doit être le résultat de son recours contre le débiteur qu'il a libéré. Il a pour cela : 1° une action *mandati contraria*, action de bonne foi, embrassant dans sa généralité le principal, les intérêts (lorsque la créance en produit et que la caution les a acquittés), et enfin les frais. Mais quant aux frais, une distinction est nécessaire ; car, de même que le cautionnement indéfini comprend, comme nous l'avons vu précédemment, outre le principal et les accessoires, les frais de la première demande, plus les frais postérieurs à la dénonciation qui en est faite au fidéjusseur, de même ici le débiteur principal ne sera tenu de rembourser à la caution les frais par elle faits depuis la demande originaire du créancier, qu'autant que cette caution lui en aura donné avis, la lui aura dénoncée, l'aura mis ainsi en demeure d'acquitter ou non son obligation.

Le débiteur, en effet, peut très-bien ignorer les poursuites
du créancier. Il peut, d'ailleurs, être lui-même parfaitement
en mesure de payer. Le fidéjusseur, qui est son mandataire, s'il
ne lui a pas dénoncé à temps les poursuites, est en faute. Il a à
s'imputer une négligence, les frais devront donc rester à sa
charge. Outre le remboursement du principal, des intérêts et
des frais, la caution a encore droit, d'après la loi, à des dommages-intérêts, s'il y a lieu. C'est-à-dire que si, par suite de son
intervention en faveur du débiteur, cette caution a souffert
quelque préjudice personnel, quelque perte, en dehors de l'acquittement de l'obligation commune, elle a droit à en être indemnisée. Son intervention, en effet, est tout officieuse. Elle a
entendu rendre un service, faire une avance; elle ne doit rien
gagner, mais elle ne doit rien perdre non plus. C'est encore par
suite du même principe qui veut que la caution ne puisse jamais
être en perte si elle ne doit pas faire de gain, qu'on doit décider
sans hésiter qu'elle a droit aux intérêts de ses avances du jour
qu'elle les a faites. En cela, d'ailleurs, elle n'a que les droits
d'un mandataire ordinaire; or, elle est vraiment un mandataire,
mandataire très-favorable, puisque outre les soins qu'elle a
donnés à l'affaire d'autrui, elle s'était engagée personnellement
sur tous ses biens et avait ainsi couvert le débiteur de toute sa
solvabilité : voilà pour l'action *mandati*. Mais à côté de cette
action la caution a encore, et comme nouveau moyen de recours,
un bénéfice important connu sous le nom de bénéfice de subrogation, son historique est curieux. D'abord simple exception
dans la jurisprudence romaine, et, à ce titre, devant être invoqué avant tout payement, ce bénéfice y portait le nom d'*exceptio
cedendarum actionum*, et avait pour but de forcer le créancier à
céder au fidéjusseur ses actions, privilèges, hypothèques et
autres garanties, et à le mettre ainsi en son lieu et place. Il a
passé avec ces caractères dans notre ancienne jurisprudence, où

le fait de la substitution d'un nouveau créancier à un créancier
antérieur reçut enfin son vrai nom, son nom propre, celui de
subrogation, qu'il a conservé depuis et qui lui convient parfaitement.

Aujourd'hui, et d'après le Code Napoléon, la même subrogation existe au profit du fidéjusseur qui a payé, et cela de plein
droit, sans aucune demande de sa part, à la différence de
l'ancien droit qui exigeait une réquisition expresse sans laquelle
il ne restait plus à la caution d'autre moyen de recours que
l'action *mandati*, action qui naissait comme nous l'avons vu
de son intervention même, de son engagement en faveur du débiteur et contre celui-ci. Le bénéfice de subrogation venant se
placer à côté de cette action *mandati* assure d'autant le recours du fidéjusseur. Il est tantôt plus utile, tantôt moins utile
que cette action. Mais, comme ils sont en définitive tous deux à
la disposition de la caution, elle peut les employer l'un ou
l'autre à son choix, selon sa convenance ou son intérêt. Du
reste, l'étendue des droits du créancier règle celle des droits
de la caution qui y est subrogée et qui ne peut évidemment faire
servir les priviléges, hypothèques et autres sûretés transmises
que dans la mesure même où aurait pu les exercer son subrogeant. En un mot, le fidéjusseur subrogé peut tout ce que le
créancier dont il prend la place pouvait, il ne peut rien de
plus. Telle est la règle. Jusqu'ici nous avons raisonné dans l'hypothèse d'un seul débiteur principal; mais il peut arriver qu'une
même personne en cautionne plusieurs autres : comment se réglera son recours contre chacune d'elles ? Il faut distinguer : ou
les débiteurs principaux étaient solidaires, ou ils n'étaient que
simples conjoints. Dans le premier cas, la caution a contre chacun
d'eux, aux termes mêmes de la loi, le recours pour la répétition
du total de ce qu'elle a payé; et cela se conçoit parfaitement :
mandataire à leur égard, elle doit être traitée comme tel. Or,

aux termes de l'art. 2002, lorsque le mandataire a été constitué par plusieurs personnes pour une affaire commune, chacune d'elles est tenue solidairement envers lui de tous les effets du mandat. Le deuxième cas n'offre pas plus de difficulté : les débiteurs étaient engagés conjointement. La dette n'était plus commune, elle se divisait de plein droit entre eux. La caution n'aura pas plus de droits que la loi n'en accorde au simple mandataire dans ce cas; elle ne pourra les actionner chacun que pour leur part et portion. Il en serait de même si au lieu d'employer pour son recours l'action *mandati*, le fidéjusseur se servait de l'action principale à laquelle il a été subrogé. Le créancier subrogeant, en effet, n'eût pu demander à chacun des débiteurs que sa part dans la dette; la caution simple subrogée à ses droits n'en peut avoir de plus étendus.

Maintenant nous pouvons nous demander si la caution sera toujours obligée d'attendre qu'elle ait payé pour pouvoir agir contre le débiteur, à l'effet de se faire indemniser par lui du préjudice que pourrait lui causer son insolvabilité. *A priori*, d'abord une semblable obligation ne paraît pas pouvoir être imposée à la caution, car, ne l'oublions pas, la caution s'est engagée par pure bienveillance; même lorsqu'elle a stipulé un salaire, ce salaire ne peut jamais être en rapport avec l'étendue de son engagement; elle doit donc toujours être traitée favorablement. Le débiteur, aussitôt qu'il le peut, doit la décharger, et lorsqu'il paraît certain qu'une inaction prolongée de la part de la caution deviendrait pour elle une cause de perte, de ruine peut-être, il est impossible d'admettre que dans de telles circonstances elle ne puisse pas immédiatement exercer son recours contre le débiteur. Or, cela peut arriver (c'est la loi elle-même qui parle) : 1° lorsqu'elle (la caution) est poursuivie en justice pour le payement; dans ce cas, elle a le droit d'appeler le débiteur en cause (c'est l'hypothèse de la garantie simple prévue par l'art. 183

du Code de procédure civile), soit pour que ce débiteur la dé-
fende contre l'action du créancier, soit, si elle est condamnée
à payer, pour que le même jugement assure son recours contre
le débiteur, en prononçant contre celui-ci une condamna-
tion nouvelle et subsidiaire. 2° Lorsque le débiteur a fait faillite, ou est en déconfiture. L'intérêt de la caution est ici évident.
Des questions fort intéressantes peuvent être soulevées, et ont été,
en effet, soulevées sous ce 2°. Nous ne nous y arrêterons cependant pas, leur examen nous entraînerait beaucoup trop loin.
3° Lorsque le débiteur s'est obligé de lui rapporter sa décharge
dans un certain temps. La caution, qui ne la voit pas arriver, a
juste sujet de craindre qu'elle ne vienne pas, et est parfaitement fondée à aller s'assurer par elle-même jusqu'à quel point le
débiteur principal se trouve empêché. D'ailleurs, plus elle atten-
drait, plus l'efficacité de son recours se trouverait compromise :
son droit à une action immédiate en ressort donc forcément.
4° Lorsque la dette est devenue exigible par l'échéance du terme
sous lequel elle avait été contractée; ici, la caution n'est pas
obligée d'attendre que le créancier ait exercé des poursuites;
elle est en droit de dire au débiteur : L'échéance est arrivée,
êtes-vous en mesure, payez; autrement, je serai forcée de le
faire; dans tous les cas, garantissez-moi d'avance contre toute
action de la part du créancier; donnez-moi les moyens d'acquitter la dette; j'ai bien voulu vous cautionner jusqu'ici, mais
maintenant que le terme est arrivé, je ne puis pas rester plus
longtemps engagée; mettez-moi donc à même de me libérer.
Le débiteur n'aurait rien à répondre à un tel langage; le recours immédiat de la caution aurait lieu sans difficulté. Cette
caution resterait, d'ailleurs, toujours obligée envers le créancier,
en supposant même que l'inaction de ce dernier provint d'une
prorogation de terme accordée par lui au débiteur principal.
5° Enfin, au bout de dix années, lorsque l'obligation principale n'a pas de terme fixe d'échéance. Mais pourquoi cela ?

Toujours pour la même raison : l'engagement de la caution est de pure bienveillance, il ne doit pas devenir pour elle un trop lourd fardeau, ce qui arriverait nécessairement s'il se prolongeait trop. Donc, au bout d'un temps plus ou moins long (ce délai est arbitraire : la loi l'a fixé à dix ans, elle eût pu évidemment en fixer un plus court), la caution pourra exiger du débiteur qu'il l'assure en quelque sorte contre toute action de la part du créancier; et puis le fidéjusseur qui cautionne est censé ne le faire, par la nature même des choses, que pour un certain temps. Une convention tacite est présumée exister à cet égard entre les parties. Au bout de ce temps il a le droit de demander sa libération : « à moins, ajoute la loi, que l'obligation « principale, telle qu'une tutelle (l'exemple n'est pas très-« bien choisi; on ne voit nulle part, en effet, dans le Code, que « le tuteur soit assujetti à fournir caution pour garantie de sa « gestion), ne soit pas de nature à pouvoir être éteinte avant un « temps déterminé. » Ces expressions sont inexactes, selon quelques personnes du moins; on doit les remplacer par celles-ci : « à moins que l'obligation principale, etc., ne soit « de nature à pouvoir être éteinte avant un certain temps. » Alors, en effet, la caution a pu savoir *a principio* à quoi elle s'obligeait, a pu mesurer à l'avance l'étendue de son engagement.

2e cas : La caution est intervenue à l'insu du débiteur. On lui donnera l'action *negotiorum gestorum*. Elle a fait l'affaire du débiteur, elle doit être indemnisée. On appliquera ici les principes de la gestion d'affaires, qui diffèrent un peu de ceux du mandat. Elle aura de plus le bénéfice de subrogation et jouira même du droit que nous avons vu, plus haut, appartenir à la caution qui est intervenue au su et de l'aveu du débiteur, du droit d'exercer son recours avant même d'avoir payé dans tous les cas passés en revue, par nous, d'après la loi : même intérêt, même motif de faveur, même application.

3e cas : Le fidéjusseur a cautionné malgré le débiteur principal. Il a payé. Quelle action allons-nous lui donner ? L'action *de in rem verso*, au moyen de laquelle il pourra recourir contre le débiteur principal jusqu'à concurrence du profit que celui-ci aura retiré de son intervention. Mais *quid* du bénéfice de subrogation ? Il lui compète évidemment. L'art. 2129 est tout à fait général. *Quid* enfin du recours préventif ? Observation : Tout ce qu'on doit vouloir ici, c'est que le débiteur ne s'enrichisse pas aux dépens du fidéjusseur. Or, dans l'hypothèse prévue (du recours préventif), la caution n'a encore fait aucune avance ; elle n'a encore rien mis, ni directement ni indirectement, dans le patrimoine du débiteur ; elle n'a donc aucun motif pour agir contre lui. Tout recours préventif doit lui être rigoureusement refusé.

3° Rapports des fidéjusseurs entre eux.

Hypothèse : Plusieurs personnes ont cautionné un même individu. Chacune de ces personnes est obligée pour le tout envers le créancier. Il peut donc poursuivre l'une ou l'autre à son choix. Celle qu'il actionne paye-t-elle, elle a sans aucun doute un recours contre ses cofidéjusseurs. Mais dans quelles limites ? Peut-elle, comme le créancier le pouvait, s'adresser à chaque caution et lui demander le remboursement du tout ? Non, elle ne peut agir contre chacune d'elles que pour sa part et portion ; et si l'un des cofidéjusseurs était insolvable, elle devrait supporter en compagnie des autres cautions une part dans cette insolvabilité ; en sorte qu'elle ne pourrait les actionner que déduction faite de cette part. On applique ici les principes de la gestion d'affaires. Bien plus, comme dans les rapports des cofidéjusseurs entre eux les mêmes raisons de bon office et de bienveillance, d'étendue d'engagement, qui militent en faveur de la caution

exerçant son recours contre le débiteur, n'existent plus; qu'ils
sont tous sur un pied parfait d'égalité, qu'aucun d'eux ne doit
rien faire qui puisse empirer la position de ses coobligés; il faut
reconnaître, et la loi du reste le pose en règle formelle, que la
caution qui a payé de son propre mouvement, sans y être forcée,
en dehors en un mot des cas prévus dans l'art. 2032, ne pourrait plus agir en remboursement contre ses cocautions, même
dans la limite indiquée plus haut. Mais dans cette limite et
toutes les fois qu'elle sera en droit de recourir contre ses cofidéjusseurs, elle pourra très bien user du bénéfice de subrogation.
C'est le droit commun. Il n'y a pas de raison ici pour y déroger.
Quant aux intérêts de ses avancés, elle y a droit du jour même
où elles les a faites. Vis-à-vis de ses cofidéjusseurs, en effet, la
caution qui paye la dette commune doit être considérée comme
un véritable gérant d'affaires. Or on peut dire que le gérant d'affaires, surtout lorsque son intervention a été utile, est une sorte de
mandataire tacite. Il a donc droit aux intérêts de ses avancés
comme le mandataire lui-même, c'est-à-dire du jour où elles
ont eu lieu. Pas de difficulté sérieuse sur ce point.

Après avoir analysé aussi nettement que possible le contrat
de cautionnement dans sa nature et dans ses effets, il ne nous
reste plus qu'à traiter des différentes causes d'extinction de
l'obligation qui en résulte. Nous le ferons brièvement.

CAUSES D'EXTINCTION DU CAUTIONNEMENT.

Avant tout deux observations. Première observation. L'obligation résultant de la fidéjussion est une obligation accessoire.
Comme obligation, elle s'éteindra évidemment par les mêmes
causes par lesquelles s'éteignent les obligations. Comme obligation accessoire, elle suivra, en général du moins, le sort de
l'obligation principale, subsistant avec celle-ci, s'éteignant en

même temps et par les mêmes causes. Deuxième observation :
Cette obligation, quoique certaine, positive, a quelque chose de
favorable aux yeux de la loi. Elle jouit de plusieurs bénéfices,
de plusieurs faveurs que les principes rigoureux repoussent.
Certaines causes d'extinction pourront donc exister à son égard
qui en droit strict n'auraient pas lieu. Ces deux observations
sont capitales et dominent toute cette partie de la matière; fai-
sons-en l'application.

1° *Causes générales d'extinction du cautionnement.* —
Nous nous bornerons à en donner une simple énumération,
nous attachant seulement à distinguer les cas dans lesquels l'extinction de l'obligation accessoire devient une cause de libération pour le débiteur principal qui ne demeure plus exposé
qu'au recours de la caution, et ceux au contraire où, malgré
l'extinction du cautionnement, l'obligation principale subsiste
toujours vis-à-vis du créancier.

1° *Payement.* — Le payement est le mode le plus ordinaire,
le plus naturel d'extinction des obligations. La caution qui a
payé valablement est donc déchargée; mais elle conserve son recours, sous certaines conditions indiquées plus haut, contre le
débiteur principal. 2° *Novation.* — Elle peut avoir lieu de différentes manières. Dans toutes, le débiteur principal continue
d'être obligé. 3° *Remise volontaire.* — La remise faite par le
créancier au fidéjusseur seul ne libère pas évidemment le débiteur. Ce mode est tout personnel; il n'a d'effet qu'à l'égard de
celui en faveur de qui la remise a eu lieu. Le débiteur principal reste obligé. 4° *Compensation.* — Dans ce cas, le débiteur
principal est libéré, sauf le recours de la caution contre lui.
5° *Confusion.* — Elle peut s'opérer, soit sur la tête du créancier,
soit sur celle de la caution ou du débiteur. De quelque manière

qu'elle ait lieu, l'obligation principale subsiste, l'obligation accessoire est seule éteinte. 6° *Rescision.* — La rescision prononcée en faveur de la caution n'invalide en rien l'obligation du débiteur principal; seulement, le créancier a perdu sa sûreté : il pourra en réclamer une autre selon les cas. 7° *Effet de la condition résolutoire.* — L'obligation principale n'en reçoit pas d'atteinte, si elle-même n'est pas soumise à la même condition. 8° *Effet de l'échéance du terme.* — Si la caution ne s'est engagée que jusqu'à un certain temps, l'obligation principale continue de subsister. 9° *Prescription.* — La prescription acquise au fidéjusseur profite au débiteur principal. Cela résulte implicitement de l'art. 2250 du Code Napoléon.

2° *Causes spéciales d'extinction du cautionnement.*

Au premier rang se place celle qui résulte de l'extinction totale ou partielle de l'obligation principale : *Accessorium sequitur sortem principalis.* Encore cela n'est-il pas vrai dans tous les cas. Il peut se faire, en effet, que le débiteur ait le droit de repousser l'action du créancier, d'invoquer la nullité de son obligation uniquement par un motif inhérent à sa personne : la minorité, l'interdiction, l'état de femme mariée. Or, la caution qui ne serait intervenue précisément que pour garantir le créancier contre une telle éventualité, ne serait pas recevable à venir repousser son action par une exception tirée de cette cause de nullité elle-même. Les exceptions qu'on appelle réelles, communes, sont les seules dont le fidéjusseur puisse se prévaloir. Celles qu'on appelle personnelles restent propres au débiteur : lui seul peut les invoquer. Après cette première cause spéciale, que le Code ne mentionne pas, mais qui ressort de la nature même des choses, la loi en signale deux autres fort importantes et dont la seconde doit être considérée comme une véritable dérogation au droit commun. Voici en quoi elles consistent. Nous avons vu précédemment que le fidéjusseur qui a payé est subrogé, de plein droit, aux droits et actions du créancier. C'est un bénéfice qu'il a, bénéfice légitime et qu'on peut regarder comme la juste compensation de l'étendue considérable de son engagement. Si donc cette subrogation, par un fait imputable au créancier, ne peut plus, d'une manière ou d'une autre, s'opérer au profit de la caution, cette caution est déchargée, et avec justice; car, en définitive, quel est son rôle dans tout ceci? Nous l'avons souvent répété: un rôle tout de bienveillance, de bon office. Quel profit immédiat espère-t-elle retirer de son intervention? Aucun. Son seul mobile réside dans la pensée de venir en aide au débiteur. Elle doit donc être traitée très-favorablement. D'ailleurs, une intervention aussi grave, aussi étendue, a besoin d'être encouragée. Et si la caution n'avait pas en perspective l'espérance de pouvoir exercer par subrogation les droits et actions du créancier désintéressé, elle y regarderait certes à deux fois avant de prendre sur elle un aussi lourd fardeau. Le cautionnement, si utile dans bien des cas, se trouverait par là même entravé. L'intérêt bien entendu du créancier, celui du débiteur, celui du crédit public réclamaient donc une règle spéciale qui vînt tempérer ce que la position du fidéjusseur mis à découvert aurait eu de trop rigoureux.

Autre cause spéciale d'extinction, sorte d'exception aux principes du droit commun. Posons d'abord l'hypothèse.

Un débiteur offre en payement à son créancier un objet quelconque, un meuble, un immeuble. Le créancier accepte. Il y a eu dation en payement. Le débiteur principal et par suite la caution sont déchargés. Mais pour que l'obligation principale soit vraiment éteinte, il faut que la propriété de l'objet donné en payement ait été transférée au créancier. Si donc, postérieurement, il vient à en être évincé par suite d'une revendication, l'extinction est considérée comme n'ayant jamais eu lieu faute de cause, le débiteur principal est toujours lié. Mais *quid* de la caution? Le lien subsiste-t-il toujours à son égard? Non. Il a été brisé; brisé, il est vrai, par suite d'un événement dont l'effet est considéré comme non avenu; mais, quant à elle, cette croyance momentanée de libération suffit : son obligation est définitivement éteinte, le créancier n'a plus de recours à exercer que contre le débiteur. Mais pourquoi cela? On peut l'expliquer tant par la position particulière faite en ce cas à la caution, que par la faveur toute spéciale dont elle jouit. Par sa position particulière, car toute mesure conservatoire de sa part se trouve paralysée : elle ne pourrait pas en effet, en vue de la simple éventualité d'une éviction possible, venir dire au débiteur : « Mettez-moi à couvert, fournissez-moi le moyen d'acquitter votre obligation. » Celui-ci lui répondrait avec raison : « La dette est éteinte, je ne suis plus obligé ni vous non plus ; je n'ai donc rien à vous fournir. » Et cependant ce débiteur peut tomber en faillite, en déconfiture, devenir insolvable en un mot. Dans quelle position se trouverait la caution, si le créancier venait plus tard à être évincé de l'objet reçu en payement? Elle se trouverait obligée de le désintéresser. Un pareil résultat est inadmissible. Le créancier, d'ailleurs, a à s'imputer d'avoir reçu comme équivalent un objet dont il savait pouvoir un jour ou l'autre être évincé. La position du fidéjusseur ne doit pas se trouver empirée par suite d'une convention intervenue entre le débiteur et le créancier. La faveur due à la caution suffirait déjà, à elle-seule, pour motiver à son profit une semblable exception ; à plus forte raison lorsque cette exception doit avoir pour effet de la soustraire aux conséquences d'un acte dont elle a eu le légitime espoir de voir découler sa libération, et qui ne doit pas, nous le répétons, devenir pour elle, qui y est restée étrangère, une cause d'aggravation de son engagement déjà si lourd.

4240

DES DIFFÉRENTES ESPÈCES DE CAUTIONS.

Nous avons traité précédemment de la nature et des effets du cautionnement en général, puis de ses causes d'extinction; nous devons dire un mot maintenant d'une distinction importante qui donne lieu à l'application, d'une part, de règles nouvelles et générales; d'autre part, de règles spéciales et présentant en même temps de notables exceptions aux principes antérieure-ment expliqués. Cette distinction capitale est celle des cautions en cautions conventionnelles, cautions légales et cautions judi-ciaires.

La caution est conventionnelle lorsque la nécessité de sa prestation en quelque sorte résulte d'une convention inter-venue entre le débiteur principal et le créancier. Elle est légale lorsque cette nécessité dérive d'une disposition formelle de la loi; judiciaire, enfin, lorsqu'elle découle directement d'un ju-gement qui oblige à la fournir indépendamment de toute con-vention ou de tout texte de loi. Nous disons directement, parce qu'un débiteur peut très bien être condamné par jugement à fournir une caution, sans que pour cela cette caution soit judiciaire : précisément, s'il s'y est engagé par convention ou que cette obligation résulte pour lui d'une disposition for-melle de la loi. Dans ces divers cas, un jugement sans doute peut intervenir, dont le seul effet sera de donner au créancier un moyen légal de contraindre le débiteur à remplir son obliga-tion. La caution sera donnée en justice (1), mais non pas judiciaire : c'est une confusion à éviter. Du reste, qu'il s'agisse d'une cau-tion à fournir en vertu d'une convention, comme c'est le cas le plus fréquent, d'une disposition de la loi, comme par exemple dans les cas des art. 601, 2185 du Code Napoléon, ou d'un

____

(1) Lorsque la caution doit être donnée en justice, les règles sur sa réception sont tracées au Code de procédure civile, art. 517 et suiv.

jugement, comme dans ceux des art. 135, 439 du Code de procédure civile, la caution présentée doit toujours réunir certaines qualités, certaines conditions de suffisance et de solvabilité en l'absence desquelles elle ne serait pas acceptée ou
pourrait ne pas l'être, et qui peuvent se classer ainsi qu'il suit :
1° La caution doit avoir la capacité de contracter. Cela va de
soi puisque le cautionnement étant un contrat, l'intervention
d'une personne incapable de contracter serait ni plus ni moins
inutile au créancier. 2° Son domicile doit être dans le ressort
de la Cour impériale où elle est donnée, afin que le créancier
qui aurait à l'assigner plus tard ne soit pas obligé d'aller la
chercher trop loin, et puis afin qu'il puisse surveiller sa gestion,
savoir si la garantie offerte par la caution subsiste pleine et
entière, si elle ne se trouve pas altérée ou même détruite,
auquel cas le créancier aurait le droit de requérir une autre
caution, à moins, dit l'art. 2020, que la caution devenue insolvable n'ait été fournie en vertu d'une convention par laquelle le
créancier avait exigé une telle personne pour caution. Dans ce
cas, en effet, le créancier aurait à s'imputer le choix par lui
imposé au débiteur ; les suites en resteraient à sa charge. 3° La
caution doit avoir un bien suffisant pour répondre de l'objet de
l'obligation. Mais les biens sont meubles ou immeubles ; suffirait-
il que la caution possédât assez de meubles, de créances, de
titres de rente, d'obligations, de meubles corporels même ? Non.
D'après la loi, la solvabilité d'une caution ne s'estime qu'eu
égard à ses propriétés foncières. Pourquoi ? Parce que de tels
biens ont une assiette plus fixe, sont d'une aliénation moins
facile, que le débiteur est moins porté à s'en dessaisir, que
leur soustraction ne peut pas avoir lieu comme dans le cas de
biens-meubles, en un mot parce que le créancier n'est pas exposé à se voir du jour au lendemain dépouillé de son gage
avant même d'avoir eu le temps de prendre les mesures con-

venables, d'avoir pu se faire donner une nouvelle caution pour remplacer l'ancienne. Les immeubles ne doivent même être ni litigieux, ni d'une discussion trop difficile par l'éloignement de leur situation. Le gage du créancier doit être net et à sa portée : telle est la règle générale. Mais si la dette est modique ou si elle est commerciale, son peu d'importance dans le premier cas, la manière différente d'apprécier la solvabilité en matière de commerce, dans le second, commandent évidemment une exception au principe. Cette exception est en effet formellement cansacrée par la loi. 4º Enfin, mais cette condition est spéciale au cautionnement judiciaire, la caution doit en outre, dans ce cas particulier, être susceptible de contrainte par corps. Voilà pour les règles nouvelles et communes, sauf une seule, aux différentes espèces de cautions. Passons maintenant aux règles spéciales, aux différences qui existent dans certains cas entre les divers fidéjusseurs, et qui forment en même temps comme nous l'avons déjà dit, autant d'exceptions notables aux règles générales sur le cautionnement. Et d'abord, tandis qu'un débiteur qui s'est engagé conventionnellement à fournir une caution, n'est point admis à la remplacer contre le gré du créancier par une sûreté suffisante, un nantissement par exemple (gage ou antichrèse), un débiteur au contraire qui n'est tenu d'une telle prestation qu'en vertu d'un jugement ou d'une disposition de la loi, peut très bien, s'il lui a été impossible de trouver un fidéjusseur, être reçu à donner à sa place une autre garantie, pourvu qu'elle soit suffisante pour répondre de l'obligation principale. Et cette différence se justifie parfaitement. Dans le cas de cautionnement conventionnel, en effet, le créancier a voulu telle sûreté, il n'a traité qu'à cette condition, il n'a consenti à recevoir le débiteur comme obligé que sous la garantie résultant à son profit de l'engagement personnel et général d'une caution. Ç'à été la loi du contrat ; il ne doit donc pas être permis au débiteur de la violer. Mais dans le cas de cautionnement légal ou judiciaire, il n'en est plus de même : aucune convention n'a eu lieu ; tout ce que la loi ou le jugement a eu en vue, ç'a été de procurer au créancier une garantie suffisante à l'effet d'assurer à son égard l'exécution de l'obligation principale. Si donc, le débiteur qui n'a pu trouver une caution, offre en remplacement un gage, une antichrèse, une sûreté, en un mot, en rapport avec les risques à courir par le créancier, le but est rempli. Personne n'a à se plaindre, aucune convention n'a été violée. Et puis d'ailleurs les cautions légales et surtout les cautions judiciaires sont soumises à des obligations bien plus rigoureuses que celles qui pèsent sur les cautions conventionnelles. Il peut donc très bien arriver que le débiteur ne trouve personne qui veuille s'engager en cette qualité. La nécessité, qui fait loi aussi, prescrivait de le soustraire, dans ce cas d'impossibilité prouvée, à la nécessité absolue de fournir caution. C'est aussi ce que la loi a fait et avec raison comme nous venons de le voir.

Une autre différence existe, non plus comme précédemment, entre le cautionnement judiciaire ou légal, d'une part, et le cautionnement conventionnel de l'autre, mais entre, d'un côté, le cautionnement conventionnel ou légal, et d'autre côté le cautionnement judiciaire. Voici en quoi elle consiste : d'après une règle que nous avons expliquée en détail, le fidéjusseur attaqué par le créancier a le droit, en général, et à moins d'une renonciation expresse ou tacite de sa part, de renvoyer ce créancier à discuter préalablement le débiteur principal. C'est le bénéfice de discussion. Eh bien, ce bénéfice qui peut être invoqué par la caution légale et par la caution conventionnelle ne peut pas l'être par la caution judiciaire. Quel en est le motif? La nécessité d'assurer fortement, sans délai, l'exécution des ordres de la justice. Le juge a parlé, a commandé au nom du souverain (peuple ou monarque), il ne doit pas être permis à

la caution de chercher à se soustraire par des exceptions dila-
toires à l'exécution de ses engagements. Le respect dû aux ju-
gements fait disparaître, dans cette hypothèse particulière, le
bénéfice introduit en faveur de la caution. Le motif de bienveillance cède le pas au motif d'autorité.

Et de même que la caution judiciaire ne pourrait demander
la discussion du débiteur principal, de même et par des raisons
identiques, celui qui a simplement cautionné la caution judiciaire ne pourrait demander la discussion ni du débiteur principal ni de la caution elle-même.

Le droit d'enregistrement applicable au cautionnement est
une sorte de droit d'obligation moins considérable (50 centimes
au lieu de 1 fr. par 100 francs). Il est perçu indépendamment
du droit applicable au contrat principal; il ne peut pas le dépasser. Certains cautionnements sont soumis à des droits moins
élevés : par exemple, dans le cas de cautionnement de bail ou
fermage, un simple droit fixe est dû. Il en est de même dans
le cas de sous-cautionnement (certificateur de caution). Lorsque le contrat principal est soumis à un simple droit fixe, le
contrat de cautionnement n'est lui-même soumis qu'à un tel
droit (Régie).

QUESTIONS.

I. Est-il nécessaire, pour que le créancier puisse légalement
poursuivre la caution, que le débiteur principal soit constitué
en demeure d'exécuter son obligation? — Non.

II. La caution qui nie le cautionnement est-elle tenue de

proposer le bénéfice de discussion sur les premières poursuites dirigées contre elle? — Non.

III. La caution qui invoque le bénéfice de discussion doit-elle en même temps faire l'avance exigée par la loi, ou peut-elle attendre que le créancier en fasse la réquisition? — Elle doit faire l'avance en même temps.

IV. Une dette a été cautionnée en même temps par un majeur et par un mineur : le majeur peut-il, dans ce cas, opposer au créancier le bénéfice de division ? — Non.

V. Deux personnes ont cautionné une même dette par des actes séparés : la première caution pourra-t-elle opposer au créancier le bénéfice de division? — Oui.

VI. La caution à laquelle le créancier a fait purement et simplement remise absolue de la dette conserve-t-elle son recours contre le débiteur libéré? — Non.

VII. La caution qui a stipulé un salaire pour prix de son intervention a-t-elle droit, outre l'intérêt légal, à d'autres dommages-intérêts? — Oui.

VIII. Un commerçant sans propriétés foncières, mais jouissant d'un bon crédit commercial, et qui cautionne la dette civile d'un non-commerçant, est-il solvable aux termes de l'art. 2019? — Non.

IX. La caution qui a payé au créancier la partie remise au débiteur par le concordat, a-t-elle son recours contre le débiteur pour ce qu'elle a payé? — Non.

X. La simple négligence suffit-elle pour faire perdre au créancier son recours contre la caution dans le cas de l'article 2037, ou faut-il un fait positif de sa part ? — La simple négligence suffit.

XI. L'art. 2041 porte : « Celui qui ne peut pas trouver une caution est reçu à donner à sa place un gage en nantissement suffisant. » Que comprend ici le mot *gage* ? — Il comprend aussi l'hypothèque.

XII. Dans le cas de coobligés solidaires ayant dans la dette un intérêt plus ou moins inégal, le droit d'enregistrement de cautionnement est-il dû pour ce qui dépasse le total des parts d'intérêt des coobligés? — Non.

Vu par le Président de la thèse,
OUDOT.

Vu par le Doyen,
C.-A. PELLAT.

www.ingramcontent.com/pod-product-compliance
Ingram Content Group UK Ltd.
Pitfield, Milton Keynes, MK11 3LW, UK
UKHW021007120726
13693UKWH00004B/1828